Amman
108 ajatusta
rakkaudesta

Amman 108 ajatusta rakkaudesta

Kustantaja:
    Mata Amritanandamayi Center
    P.O. Box 613, San Ramon, CA 94583
    Yhdysvallat

———————— 108 Quotes on Love (Finnish) ————————

Tekijänoikeus 2015 © Amrita Books, Amritapuri, Kerala, 690546, India.
Kaikki oikeudet pidätetään. Osaakaan tästä painotuotteesta ei saa tallentaa millään tunnetulla tai myöhemmin keksittävällä menetelmällä, tuottaa uudelleen, siirtää toiselle välineelle, kääntää toiselle kielelle tai julkaista missään muodossa ilman julkaisijan kirjallista lupaa.

Ensimmäinen painos MA Centerin: huhtikuu 2016

Saatavissa myös : www.amma.f

Intiassa: www.amritapuri.org
         inform@amritapuri.org

1

Rakkaus on perusolemuksemme. Rakkaudella ei ole kastiin, uskontoon, rotuun tai kansallisuuteen liittyviä rajoitteita. Olemme kaikki samaan rakkauden lankaan pujotettuja helmiä. Ihmiselämän todellinen päämäärä on herättää tämä ykseys ja levittää sitä rakkautta, joka on synnynnäinen luontomme.

2

'Olenko todellakin rakastunut vai olenko liian kiintynyt?' Mieti tätä kysymystä niin syvästi kuin pystyt. Useimmat ihmiset janoavat kiintymystä, eivät todellista rakkautta. Tavallaan petämme itseämme. Luulemme kiintymystä rakkaudeksi. Rakkaus on keskipiste ja kiintymys on reuna-aluetta. Tähtää kohti keskipistettä.

3

Kauneus sijaitsee sydämessä. Rakkaus kaikkia kohtaan luo todellista kauneutta, kehittäen sekä antajaa että vastaanottajaa. Silmiemme kauneus ei ole silmämeikissä, vaan myötätunnon täyttämässä katseessa. Hymy, joka valaisee rakkaudesta loistavat kasvot, on kaunein koko maailmassa.

4

Useimmat meistä ajattelevat alati elämän menetyksiä. Unohdamme merkittävimmän saavutettavissa olevan voiton — se on rakkaus. Anna mielesi avautua täysin ja tulet kokemaan rakkauden kaikessa tuoksussaan ja kauneudessaan.

5

Rakkaus on onnellisen elämän perusta, mutta tietoisesti tai tiedostamatta unohdamme tämän totuuden. Kun emme ilmaise rakkautta sanojemme ja tekojemme kautta, on se kuin hunajaa kiven sisässä – siitä ei ole hyötyä kenellekään. Kun perheessä osataan ilmaista keskinäistä rakkautta, rauha ja tasapaino vallitsevat niin kotona kuin yhteiskunnassakin.

6

Kun näet toiset itsesi lailla, ei ole olemassa yksilöllisyyttä. Myötätunto on se kieli, jonka sokea voi nähdä ja kuuro kuulla. Auttavan käden ojentaminen laiminlyödylle sielulle, nälkäisten ruokkiminen, myötätuntoisen katseen kohdistaminen surullisiin ja apeisiin – tämä on rakkauden kieltä.

7

Jokainen toiminta, johon paneudumme täydestä sydämestä ja sielullamme, muuttuu valtavaksi inspiraation lähteeksi. Rakkauden kyllästämä toimi täyttyy hehkuvalla valolla ja elämällä. Tuo rakkauden todellisuus täyttää ihmismielet huikealla viehättävyydellä.

8

Jokaisen suuren ja unohtumattoman tapahtuman taustalla on sydän. Rakkaus ja epäitsekäs asenne ovat kaikkien todella suurten tekojen pohjalla. Minkä tahansa hyvän aatteen takana on aina joku, joka on luopunut kaikesta ja omistanut elämänsä tälle.

9

Kun ymmärrämme, että kaikki rakkaus — tuli se sitten aviomieheltä, vaimolta, lapselta, poikasiaan kasvattavalta eläimeltä tai kasvilta — tulee yhdestä ja ainoasta jumalallisesta lähteestä, silloin rakkautemme alkaa säteillä valoa ja viileyttä aivan kuten kuunvalo. Elämän sopusointu kumpuaa tästä ymmärryksestä.

10

Löydä sisäinen sopusointusi, tuo elämän ja rakkauden kaunis laulu. Ojenna kätesi ja palvele kärsiviä. Opettele asettamaan toiset itsesi edelle. Mutta älä rakastu omaan egoosi muiden palvelemisen nimissä. Ole mielesi ja egosi isäntä. Huomioi jokainen, sillä kukin heistä on sisäänkäynti omaan Itseesi.

11

Työ voi olla uuvuttavaa ja kuluttaa energiamme, kun taas rakkaus ei koskaan ole väsyttävää tai tylsää. Rakkaus täyttää sydämemme yhä enemmällä energialla. Se tekee kaikesta ikuisesti uutta ja tuoretta. Kun olemassaolomme perustuu puhtaaseen rakkauteen, kuinka voimme koskaan olla ikävystyneitä? Ikävystyneisyys on seurausta ainoastaan rakkauden puutteesta. Rakkaudessa elämä uudistuu jatkuvasti.

12

Todellisen rakkauden läsnäollessa kaikki muu on tarpeetonta. Se itsessään johtaa täydelliseen sulautumiseen. Kun kehitämme rakkautta ja suuntaamme kohti päämäärää, me automaattisesti annamme anteeksi ja unohdamme, ja olemme kykeneviä omaksumaan uhrautuvan asenteen.

13

Mitä omistautuneempi olet, sitä avoimempi sinusta tulee. Mitä avoimempana pysyt, sitä enemmän rakkautta tulet kokemaan. Mitä enemmän annat rakkautta, sitä enemmän saat vastaanottaa armoa, ja se tuo sinut perille.

14

Puhdas rakkaus on jatkuvaa luopumista – luopumista kaikesta sinulle kuuluvasta. Niin – mikä todella kuuluu sinulle? – Ainoastaan ego. Rakkaus tuhoaa liekeissään kaikki etukäteisajatukset, ennakkoluulot ja -arviot – kaiken sen, mikä saa alkunsa egosta.

15

Ymmärrä, että ikuinen autuus on Itsessäsi. Kun sisälläsi oleva rakkaus ilmaisee itseään ulkoisissa toiminnoissa, tulet kokemaan aitoa onnellisuutta.

16

Kun olet onnellinen, sydämesi on avoin, ja jumallinen rakkaus voi virrata sinuun. Kun rakkaus on asettunut sisällesi, olet oleva ainoastaan onnellinen. Kyseessä on kiertokulku; onnellisuus vetää rakkautta sisääsi ja rakkaus sallii sinun olevan onnellinen.

17

Sukeltaessamme tarpeeksi syvälle itseemme huomaamme, että sama universaalin rakkauden lanka sitoo kaikki olennot yhteen. Rakkaus on se, joka yhdistää kaiken.

18

Yhtä vesitippaa ei voi kutsua joeksi; joki muodostuu monista yhdessä liikkuvista tipoista. Näiden lukemattomien tippojen yhdistymisestä muodostuu virta. Yhdessä olemme voima, lannistamaton voima. Kun työskentelemme yhdessä, käsi kädessä ja rakkaudella, kyseessä ei ole ainoastaan yksi elämän voima, vaan yhteisön sopusoinnussa ja esteettä virtaava elämän energia. Tuosta ykseyden jatkuvasta virrasta tulemme kokemaan rauhan synnyn.

19

Aina kun käyt läpi vaikeita aikoja elämässäsi, sinun on hyvä muistuttaa itseäsi, 'En odota yhtään rakkautta muilta, sillä minun ei tarvitsee tulla muiden rakastamaksi. Minä olen rakkaus. Olen ehtymätön rakkauden lähde, joka tulee aina antamaan rakkautta ja vain rakkautta kaikille, jotka tulevat luokseni.'

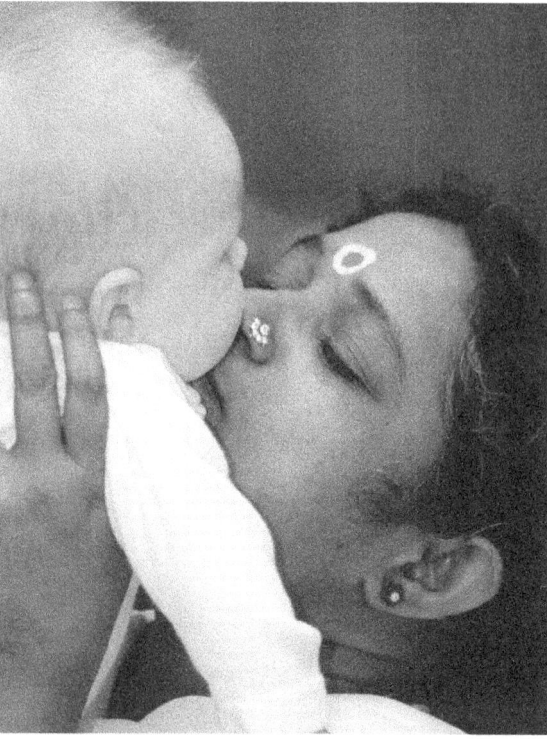

20

Aitoa rakkautta ei voi torjua. Voit vain vastaanottaa sen avoimin sydämin. Kun lapsi hymyilee, oli se sitten ystäväsi tai vihollisesi lapsi, et voi muuta kuin hymyillä, sillä lapsen rakkaus on niin puhdasta ja viatonta. Puhdas rakkaus on kuin kaunis kukka, jolla on vastustamaton tuoksu.

21

Rakkauden voima on ikuinen. Aidossa rakkaudessa mennään kehon, mielen ja kaikkien pelkojen tuolle puolen. Rakkaus on sielun hengitystä. Se on elämänvoimamme. Puhdas, viaton rakkaus tekee kaikesta mahdollista. Kun sydämesi on täynnä rakkauden puhdasta energiaa, jopa kaikkein mahdottomin tehtävä on yhtä helppoa kuin kukan poimiminen.

22

Mitä enemmän rakkautta annat, sitä enemmän jumaluus ilmenee sisälläsi. Aivan kuten ikuisen lähteen vesi ei koskaan tyrehdy siitä ammennettaessa, samoin hyvyys lisääntyy sitä enemmän mitä enemmän sitä jaamme.

23

Elämä ja rakkaus eivät ole erillisiä; ne ovat erottamattomia, kuten sana ja sen merkitys. Synnymme rakkaudessa, elämme elämämme rakkaudessa ja lopulta yhdymme rakkauteen. Totuus on: rakkaudelle ei ole loppua. Elämä voi syntyä ja kukoistaa ainoastaan rakkauden kautta. Koska rakkaus on synnynnäinen luontomme, ei voi olla minkäänlaista olemassaoloa ilman tätä voimaa sen taustalla.

24

Rakkaus voi saada aikaan mitä tahansa. Ei ole mitään ongelmaa, jota rakkaus ei voi ratkaista. Se voi hoitaa sairauksia, parantaa haavoittuneita sydämiä ja muuttaa mieliä toisenlaisiksi. Rakkauden avulla voi selviytyä kaikista esteistä. Rakkaus voi auttaa meitä luopumaan kaikista fyysisistä, henkisistä ja älyllisistä jännitteistä, ja siten tuoda rauhaa ja onnellisuutta. Rakkaus on nektaria, joka lisää elämään kauneutta ja lumoa.

25

Rakkaus on universaali uskonto. Sitä yhteiskunta todenteolla tarvitsee. Kaikkien sanojemme ja tekojemme tulisi ilmaista sitä. Vanhemmilta saatu rakkaus ja henkiset arvot ovat vahvimmat voimavarat, jotka lapsi tarvitsee kohdatakseen erinäiset aikuisuuden haasteet.

26

Ihmiskunnan ja luonnon välisessä täydellisessä suhteessa muodostuu ympyrän muotoinen energiakenttä, jossa molemmat alkavat virrata toisiinsa. Kun me ihmiset rakastumme luontoon, se rakastuu meihin. Se lakkaa kätkemästä meiltä salaisuuksiaan. Avaten äärettömän aarrearkkunsa se antaa meidän nauttia vauraudestaan. Äidin lailla se suojelee, hoitaa ja ravitsee meitä.

27

Kun rakastamme toista ilman mitään odotuksia, ei ole mitään tarvetta lähteä muualle etsimään taivasta. Rakkaus on onnellisen elämän perusta. Aivan kuten kehomme tarvitsevat oikeanlaista ruokaa selvitäkseen ja kasvaakseen, sielujamme ravitaan rakkaudella.

28

Emme voi muuttaa toisten luontoa vihan kautta. Ainoastaan rakkaus voi muuttaa heidät. Ymmärrä tämä ja pyri tuntemaan sympatiaa ja rakkautta kaikkia kohtaan. Ole myötätuntoinen jopa niitä kohtaan, jotka ärsyttävät sinua. Yritä rukoilla heidän puolestaan. Sellainen asenne auttaa sinua pitämään mielesi rauhallisena ja tyynenä. Kehityksen myötä vaikutuksen ja vastavaikutuksen kehät löystyvät, ja sydän avautuu enemmän myönteisille ominaisuuksille, kuten anteeksianto, suvaitsevaisuus ja tasapaino.

29

Elämän kukasta tulee kaunis ja tuoksuva epäitsekkään jakamisen kautta. Kun kukka puhkeaa kukkaansa, sen suloinen tuoksu leviää kaikkialle. Samalla tavoin, kun epäitsekäs rakkaus herää sisällämme, se virtaa maailmaan kuin joki.

30

Sisälläsi on suuri rakkauden lähde. Hyödynnä tuota lähdettä oikealla tavalla, ja rakkauden jumalainen energia täyttää sydämesi, laajentuen loputtomasti. Et voi pakottaa sitä tapahtumaan; voit ainoastaan luoda oikean asenteen sisälläsi ja se tapahtuu luonnollisesti.

31

Aito rakkaus asustaa sydämessä. Tätä rakkautta ei voi ilmaista puheessa tai edes pukea sanoiksi. Sanat kuuluvat järjelle. Mene sydämeen, sanojen ja kielen tuolle puolen. Kun todella rakastaa, järki tyhjenee; ajattelu lakkaa – ei ajatuksia, ei mieltä, ei mitään. Ainoastaan rakkaus säilyy.

32

Rakkaus ja kauneus ovat sisälläsi. Pyri ilmaisemaan niitä tekojesi kautta ja tulet varmasti koskettamaan autuuden todellista lähdettä.

33

Tee työsi ja hoida kaikki velvollisuutesi koko sydämelläsi. Pyri työskentelemään epäitsekkäästi ja rakkaudella. Kun vuodatat itsesi kaikkeen mitä teet, tulet tuntemaan ja kokemaan kauneuden ja rakkauden kaikissa teoissasi.

34

Henkisyyden päämääränä on muuttaa rajallinen rakkautemme jumalaiseksi rakkaudeksi. Sen vuoksi keskittykäämme siihen mitä voimme antaa muille eikä siihen mitä voimme ottaa itsellemme. Tämä saa elämissämme aikaan suuren muutoksen.

35

Oli kyseessä sitten henkinen rakkaus tai maallinen rakkaus, rakkaus säilyy rakkautena. Ero on ainoastaan sen syvyydessä ja määrässä. Henkisellä rakkaudella ei ole rajoituksia tai rajoja, kun taas maallinen rakkaus on pinnallista ja rajoitettua. Havahdu tietoon, 'Olen korkein Itse; olen rajaton ja minulla äärettömät voimavarat sisälläni.'

36

Jos aurinko paistaa tuhanteen vedellä täytettyyn ruukkuun, heijastuksia on useita, mutta ne heijastavat jokainen samaa aurinkoa. Yhtä lailla, jos opimme todella tuntemaan sen mitä olemme, tulemme näkemään itsemme kaikissa ihmisissä. Kun tämä ymmärrys saa alkunsa, opimme ottamaan toiset huomioon, antaen anteeksi heidän heikkoutensa. Sen seurauksena puhdas rakkaus alkaa orastaa sisällämme.

37

Heränneen äitiyden rakkaus on rakkautta ja myötätuntoa, jota ei tunneta ainoastaan omaa lasta kohtaan, vaan kaikkia ihmisiä, eläimiä, kasveja, kiviä ja jokia kohtaan – rakkaus, joka ulottuu kaikkialle luontoon, kaikkiin olentoihin. Kuka tahansa – nainen tai mies – jolla on rohkeutta voittaa mielen rajoitukset, voi saavuttaa tämän universaalin äitiyden tilan.

38

Rakkaus ei voi pitää sisällään kahta. Se sisältää vain yhden. Rakkauden jatkuvassa ja omistautuneessa muistelussa 'minä' ja 'itse' katoavat ja liukenevat. Yksin rakkaus jää jäljelle. Tuo puhdas, jakamaton rakkaus pitää sisällään koko maailmankaikkeuden. Rakkaus on loputon; siitä ei voi sulkea mitään pois.

39

Vaikeus ei ole rakkauden ilmaisemisessa, vaan egosta irti päästämisessä. Rakkaus on todellinen luontomme. Se on jo meissä läsnä, mutta meitä pidättelevät omat yksilölliset rajamme. Meidän täytyy kasvaa ulos yksilöllisyydestämme voidaksemme sulautua universaaliin rakkauteen. Ego on rakkauden tiellä. Kun se on poistettu, virtaamme kuin joki.

40

Sydämesi on todellinen temppeli. Sinun tulee asettaa Jumala sinne. Hyvät ajatukset ovat lahjoina uhrattavia kukkia; hyvät teot ovat palvontaa; hyvät sanat ovat virsiä. Rakkaus on jumalallinen uhrilahja.

41

Puhdas rakkaus sisältää kyltymättömän nälän. Jopa maallisessa rakkaudessa voi nähdä ja kokea tämän voimakkaan himon, mutta henkisessä rakkaudessa intohimo saavuttaa huippunsa. Todellisen etsijän kohdalla rakkaudesta tulee kuin metsäpalo, mutta vielä sitäkin kuluttavampaa. Koko olemuksemme palaa rakkauden tulen kiihkolla. Tuossa liekehtivässä tulessa me itse tuhoudumme ja sulaudumme sitten täydellisesti Jumalaan.

42

Rakkaus ei ole jotakin, jota voidaan opettaa tai opiskella jossakin, mutta täydellisen mestarin läsnä ollessa voimme tuntea sen ja omalla ajallaan kehittää sitä. Näin siksi, että satguru (aito guru) luo ne olosuhteet, jotka ovat tarpeellisia rakkauden kasvulle sisällämme. Gurun luomat tilanteet tulevat olemaan niin kauniita ja unohtumattomia, että todella vaalimme näitä kallisarvoisia ja korvaamattomia hetkiä. Ne säilyvät ikuisesti suloisina muistoina.

43

Gurun luomista tilanteista syntyy riemastuttava muistojen ketju, joka saa aikaan toistuvia rakkauden aaltoja sisällämme, kunnes lopulta ei ole muuta kuin rakkautta. Näiden olosuhteiden kautta guru varastaa sydämemme ja sielumme, täyttäen meidät puhtaalla ja viattomalla rakkaudella.

44

On olemassa 'rakkautta' ja Rakkautta. Rakastat perhettäsi: isääsi, äitiäsi, siskoasi, veljeäsi, miestäsi, vaimoasi, jne.; mutta et rakasta naapuriasi. Rakastat poikaasi tai tytärtäsi, mutta et rakasta kaikkia lapsia. Rakastat uskontoasi, mutta et rakasta kaikkia uskontoja. Samoin sinulla on rakkautta isänmaatasi kohtaan, mutta et rakasta kaikkia valtioita. Niinpä tämä ei ole Rakkautta; se on vain 'rakkautta'. Tämän 'rakkauden' muutos Rakkaudeksi on henkisyyden päämäärä.

45

Rakkaus vain tapahtuu äkillisenä kohoamisena sydämessä; väistämättömänä, esteettömänä kaipuuna ykseyttä kohtaan. Kukaan ei ajattele miten rakastaa tai milloin ja missä rakastaa. Järkiperäinen ajattelu estää rakkautta. Rakkaus on logiikan toisella puolen, joten älä yritä olla järkevä rakkauden suhteen. Se olisi kuin yrittäisi perustella miksi joen tulisi virrata, tuulen olla viileä ja lempeä, kuun loistaa, taivaan olla suunnaton, valtameren olla laaja ja syvä, tai kukan olla tuoksuva ja kaunis.

Järkeily tappaa näiden asioiden kauneuden ja viehätysvoiman. Ne on tarkoitettu nautittaviksi, koettaviksi, rakastettaviksi ja tunnettavaksi. Jos järkeistät niitä, menetät näiden tunteiden kauneuden ja suloisuuden, joita rakkaus herättää.

46

Äidin vastuuta ei voi aliarvioida. Äidillä on valtava vaikutus lapsiinsa. Kun näemme onnellisia, rauhallisia yksilöitä; lapsia, joita on siunattu jaloilla ominaisuuksilla ja hyvällä luonteenlaadulla; miehiä, joilla on valtavasti voimaa epäonnistumisia ja haitallisia tilanteita kohdatessaan; ihmisiä, joilla on suuri määrä ymmärrystä, sympatiaa, rakkautta ja myötätuntoa kärsiviä kohtaan; sekä niitä, jotka antavat itsestään muille, löydämme useimmiten suurenmoisen äidin, joka on innostanut heitä tulemaan sellaisiksi kuin ovat.

47

Äidit ovat kaikista kykenevimpiä kylvämään mieliimme rakkauden, universaalin yhtenäisyyden ja kärsivällisyyden siemeniä. Äidin ja lapsen välillä on erityinen side. Äidin sisäiset ominaisuudet välittyvät lapselle jopa äidinmaidon kautta. Äiti ymmärtää lapsen sydäntä; hän vuodattaa rakkautensa lapseen, opettaa myönteiset elämänopit ja korjaa lapsen erehdykset.

48

Olkoon elämämme puu tukevasti juurtuneena rakkauden maaperään. Olkoot hyvät teot tuon puun lehtiä. Muodostakoot ystävällisyyden sanat sen kukat ja olkoon rauha sen hedelmä. Kasvakaamme ja avautukaamme yhtenä rakkaudessa yhdistyneenä perheenä.

49

Todellisen Itsen löytäminen ja kaikkien rakastaminen yhdenvertaisesti ovat sama asia. Vapaus koittaa vasta kun opit rakastamaan kaikkia samalla tavoin. Siihen asti olet sidottu; olet egon ja mielen orja.

50

Aivan kuten keho tarvitsee ruokaa selviytyäkseen ja kasvaakseen, sielu tarvitsee rakkautta. Rakkaus juurruttaa sisun ja elämänvoiman, jota edes äidinmaito ei voi tarjota. Me kaikki elämme todellista rakkautta varten ja kaipaamme sitä. Synnymme ja kuolemme etsien tämänkaltaista rakkautta. Lapset, rakastakaa toisianne ja yhdistykää tässä puhtaassa rakkaudessa.

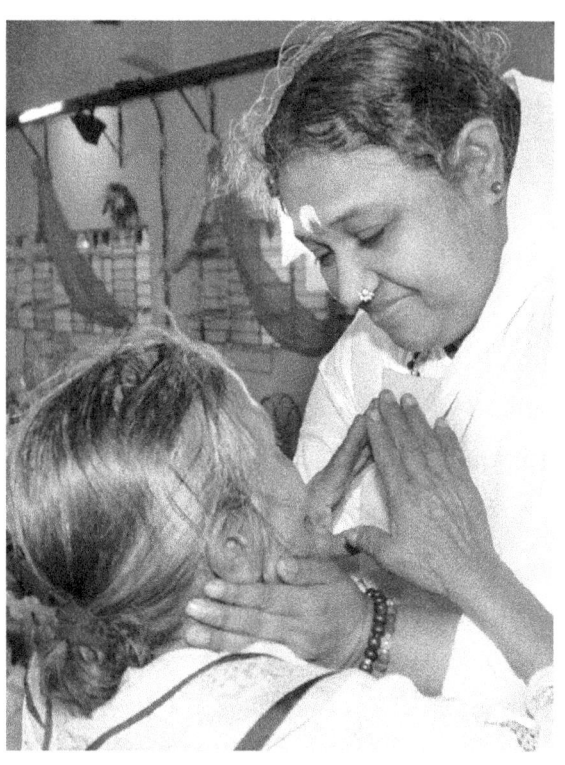

51

Kukaan ei rakasta ketään enemmän kuin itseään. Jokaisen rakkauden takana on oman onnellisuuden itsekäs etsintä. Kun emme saa sitä onnellisuutta, jota odotamme ystävältä, ystävästämme tulee vihollisemme. Tällaista voidaan nähdä maailmassa. Ainoastaan Jumala rakastaa meitä epäitsekkäästi. Ainoastaan rakastamalla Jumalaa voimme oppia rakastamaan ja palvelemaan toisia epäitsekkäästi.

52

Puhdas rakkaus on parasta lääkettä nykypäivän maailmalle, ja juuri sitä puuttuu kaikista yhteisöistä. Rakkauden puute on kaikkien ongelmien perussyy, niin henkilökohtaisten kuin maailmanlaajuistenkin. Rakkaus on sitova tekijä, yhdistävä voima kaikessa. Rakkaus luo ykseyden ja yhtenäisyyden tunteita ihmisten kesken, kun taas viha ja egoismi aiheuttavat erimielisyyttä ja jakavat ihmisten mielet osiksi. Rakkauden tulisi hallita. Ei ole mitään ongelmaa, jota rakkaus ei voisi ratkaista.

53

Kehittääksesi rakkautta, sinun tulee olla rakkauden kasvulle suotuisassa paikassa. Täydellisen mestarin läheisyydessä eläminen on paras tapa kehittää rakkautta. Guru auttaa sinua luoden ne olosuhteet, jotka ovat tarpeen, jotta sydämesi täyttyisi rakkaudella. Nämä olosuhteet eivät ole ainoastaan ulkoisia, vaan myös sisäisiä. Guru työskentelee suoraan oppilaan vasanoiden (piilevien taipumusten) kanssa. Nämä vasanat ovat suurimmat esteet rakkauden polulla.

54

Todellinen kasvu tapahtuu yhtenäisyydessä, joka syntyy rakkaudesta. Äidin rinnasta virtaava maito ravitsee lasta ja antaa sen keholle vahvuutta ja elinvoimaa, mahdollistaen kaikkien elinten kasvun terveesti ja oikeassa suhteessa. Mutta äidin rinnasta ei virtaa vain maitoa; se on äidin lämpöä, rakkautta ja kiintymystä maidon muodossa. Samalla tavoin rakkaus on 'äidinmaitoa', joka auttaa yhteiskuntaa kasvamaan eheänä. Rakkaus antaa tarvittavan vahvuuden ja elinvoiman, joka mahdollistaa yhteiskunnan kasvun ilman jakautumista.

55

Mahatmat ovat siltoja, jotka yhdistävät meidät Jumalaan. He eivät torju mitään. He ovat kuin joki; syleillen ja hyväksyen kaiken virratessaan. Nautinto ja kipu ovat kuin elämän kaksi rantaa. Mahatmat hyväksyvät molemmat näistä rannoista tyyneydellä ja jatkavat kulkuaan. Samalla he ovat ajatusten ja tunteiden tuolla puolen. He ovat liitettyjä kaikkiin, mutta eivät sidottuja mihinkään. Sydän, joka on täynnä rakkautta ja uskoa luo helposti yhteyden heidän kanssaan.

56

Horjumattoman uskon ja viattoman rakkauden voimat voivat tunkeutua tasoille, joihin älyllä ja logiikalla ei ole mitään asiaa.

57

Voit tuntea rakkautta ainoastaan ilmaisemalla sitä. Opettelemme henkisyyttä, jotta oppisimme antamaan toisille anteeksi heidän virheensä ja rakastamaan heitä sen sijaan, että torjuisimme heidät. Kuka tahansa voi torjua toisia, mutta kaikkien hyväksyminen on vaikeaa. Rakkauden kautta voimme ohjata toisia väärästä oikeaan, kun taas katkaisemalla välit jonkun kanssa hänen virheidensä vuoksi, saattaa hän jatkaa niiden tekemistä.

58

Rakastamme toisia, koska he tuovat meille onnellisuutta tai toteuttavat toiveitamme tottelemalla, kunnioittamalla tai arvostamalla meitä. Muutoin emme rakasta heitä. Jos joku vihaa meitä, kosto tulee usein rakkauden tilalle. Näin on jopa kaikista läheisimpien ihmisten kanssa. Jos he eivät tottele tai kunnioita sinua, et ehkä rakasta heitä. Siellä, missä on aitoa rakkautta, ei ole itsekkyyttä. Meidän tulee kyetä rakastamaan ilman, että odotamme mitään keneltäkään.

59

Kun jäljellä ei ole enää yhtään vastenmielisyyttä tai vihamielisyyttä – se on rakkautta. Kun kaikki vastahakoisuus katoaa mielestä, mieli muuttuu rakkaudeksi. Siitä tulee kuin sokeria: kuka tahansa voi tulla ja ottaa siitä, nauttien sen suloisuudesta ilman tarvetta antaa mitään vastineeksi. Kun voit rakastaa ja palvella ihmiskuntaa, sinusta tulee ravintoa maailmalle.

60

Lapset, jumalallinen rakkaus on todellinen luontomme. Se loistaa meissä jokaisessa. Kun sydämesi on täynnä viatonta rakkautta, olet poissa; ego on poissa. Tuossa tilassa ainoastaan rakkaus on läsnä; yksilöllisyys katoaa ja sinusta tulee yhtä Jumalan kanssa.

61

Kun lapsi tarjoaa jotakin, sitä ei voi torjua, sillä lapsen rakkaus on tahraton ja puhdas. Kun olet aidon, viattoman rakkauden vallassa, ei ole olemassa vastakkaisia tunteita kuten puhtaus tai epäpuhtaus, hyvä tai paha, ja niin edelleen. On olemassa vain rakkaus. Puhdasta rakkautta ei voi torjua.

62

Rakkaus yksinkertaisesti vain virtaa. Kuka tahansa, joka haluaa hypätä ja sukeltaa mukaan, hyväksytään sellaisena kuin hän on. Ei ole mitään ehtoja tai edellytyksiä. Jos et ole halukas hyppäämään virtaan, mitä rakkaus voi tehdä? Joki jatkaa virtaamistaan. Se ei sano ikinä, 'Ei.' Se sanoo jatkuvasti, 'Kyllä, kyllä, kyllä.'

63

Avautuessasi huomaat, että aurinko paistoi aina ja tuuli puhalsi aina, kantaen jumalallisen rakkauden suloista tuoksua. Ei ole olemassa mitään ehtoja; mitään voimaa ei käytetä. Anna vain sydämesi oven avautua ja huomaat, ettei se ollut koskaan lukittunakaan. Tämä ovi on ollut aina auki, mutta tietämättömyydessäsi luulit sen olevan lukittu.

64

Todellinen rakkaus herää vasta kun kaikki kiinnikkeet yksilöihin, esineisiin ja kiinnostuksen kohteisiin putoavat pois. Silloin taistelusta tulee epäitsekkään palvelun kaunista leikkiä, joka tavoittaa koko ihmiskunnan rakkauden ja myötätunnon kautta. Tuossa taistossa egosi ei taistele, vaan rakkaus taistelee tuhotakseen egon ja muuttaakseen sen rakkaudeksi. Pelon varjo katoaa ainoastaan rakkauden valossa.

65

Tällä älyn ja järjen aikakaudella, tieteen aikakaudella, olemme unohtaneet sydämen tuntemukset. Yleinen ilmaisu kaikkialla maailmassa on, 'I have fallen in love' eli olemme 'pudonneet' rakkauteen. Kyllä, olemme laskeutuneet rakkaudessa tasolle, joka perustuu itsekkyyteen ja materialismiin. Emme kykene kohoamaan ja havahtumaan tosi rakkauteen. Jos meidän on pakko pudota, olkoon se päästä sydämeen. Rakkaudessa kohoaminen – sitä on henkisyys.

66

Kun meillä on rakkautta jotakin kohtaan, jatkuva ja rikkoutumaton ajatusten virta kulkee tuon kohteen suuntaan. Ajatuksemme pyörivät vain sen ympärillä. Niinpä tarvitsemme keskittymiskykyä todella rakastaaksemme ja todella keskittyäksemme, meidän tulee rakastaa kohdetta, olipa se mikä tahansa. Yhtä ei voi olla olemassa ilman toista. Laboratoriossa kokeita tekevä tiedemies tarvitsee suuren määrän keskittymiskykyä. Mistä tämä keskittymiskyky tulee? Hänen syvästä ja intensiivisestä kiinnostuksestaan kyseistä aihetta kohtaan. Mistä tämä syvä kiinnostus tulee? Se on tulosta voimakkaasta rakkaudesta, jota hän tuntee tiettyä aihetta tai oppilasta kohtaan. Toisinpäin ajateltuna, jos keskitymme johonkin asiaan intensiivisesti, myös rakkaus sitä kohtaan kehittyy.

67

Meidän tulisi yrittää nähdä asioiden luonto sellaisena kuin se on. Minkä tahansa luonto, oli se sitten esineen tai henkilön, ei voi olla muuta kuin mitä se on. Jos ymmärrämme tämän, voimme todella vastata reagoimisen sijaan. Vihan kautta emme voi muuttaa toisten luontoa. Ainoastaan rakkaus voi muuttaa heidät. Ymmärrä tämä ja rukoile heidän parastaan ymmärtämyksellä ja rakkaudella. Pyri olemaan myötätuntoinen jopa niitä kohtaan, jotka saavat sinut pois tolaltaan. Tämänkaltainen asenne auttaa mieltäsi pysymään tyynenä ja rauhallisena. Tämä on aitoa herkkyyttä.

68

Epäpuhtaan tulisi muuttua puhtaaksi. Kaiken epäpuhtauden tulisi sulaa ja kadota siinä kuumuudessa, joka muodostuu Jumalan rakkauden kaipuusta ja siitä erossa olemisen kivusta. Tämä kärsimys tunnetaan nimellä 'tapas'. Gopit (paimentytöt) samaistuivat täydellisesti Krishnaan tällaisen tuskan kautta. Heidän ahdistuksensa oli niin sietämätöntä ja voimakasta, että heidän yksilöllisyytensä katosi kokonaan ja he sulautuivat rakastettuun Krishnaansa. Epäpuhtauden syynä ovat 'minän' ja 'itsen' tunteet, jotka ovat ego. Egoa ei voi hävittää ellei sitä polta rakkauden sulatusuunissa.

69

Todellisen rakkauden voi kokea kun ehtoja ei ole olemassa. Rakkauden läsnä ollessa mikään ei voi olla pakotettua; voimaa käytetään vain kun miellämme toiset erillisiksi itsestämme.. Ehdollista rakkautta ei voi olla siellä missä on vain ykseyttä. Koko ajatus voimankäytöstä katoaa tuossa tilassa. Silloin vain yksinkertaisesti olet. Universaali elämänvoima virtaa lävitsesi kun sinusta tulee avoin kanava. Anna korkeimman tietoisuuden ohjata ja poistaa esteet virtansa tieltä, antaen kaikenkattavan rakkauden joen kulkea uomaansa.

70

Aidossa rakkaudessa ei ole kiinnikkeitä. Sinun tulee ylittää kaikki mitättömät ihmistunteet saavuttaaksesi korkeimman rakkauden. Toisin sanoen, rakkaus koittaa vasta kun irrottautuminen saa alkunsa. Rakkauteen liittyy valtava määrä uhrautumista. Joissain paikoin se voi tuottaa suurta kipua, mutta aito rakkaus huipentuu aina ikuiseen autuuteen.

71

Puhtaassa rakkaudessa ei tunneta taakkaa. Mikään ei voi olla taakkana kun kyseessä on rakkaus ilman mielihalua. Todellinen rakkaus voi kantaa koko maailmankaikkeuden tuntematta mitään painoa. Myötätunto voi kantaa harteillaan koko maailman kärsimyksen tuntematta pienintäkään määrää kipua.

72

Jumala on ainoa, joka todella rakastaa meitä odottamatta mitään vastinetta. Lapset, vaikka koko maailman kaikki olennot rakastaisivat meitä, ei se voisi vastata edes murto-osaa siitä rakkaudesta, jota koemme Jumalalta joka sekunti. Ei ole olemassa mitään toista rakkautta, jota voisi verrata Jumalan rakkauteen.

73

Rakkauden lopullisessa vaiheessa rakastajasta ja rakastetusta tulee yhtä. Tämän lisäksi tulee vielä tila, jossa ei ole rakkautta, rakastajaa eikä rakastettua. Tämä lopullinen rakkauden tila on ilmaisun tuolla puolen. Sinne mestari vie sinut lopulta.

74

Huilusta syntyvää kaunista melodiaa ei voida löytää sen enempää huilusta kuin soittajan sormenpäistäkään. Voisi sanoa, että se tulee säveltäjän sydämestä. Jos kuitenkin avaisit hänen sydämensä ja katsoisit sinne, et löytäisi sitä sieltäkään. Mikä sitten on musiikin alkuperäinen lähde? Lähde on tuolla puolen; se syntyy Paramatmanista (korkeimmasta Itsestä), mutta ego ei pysty tunnistamaan tuota voimaa. Vain oppimalla toimimaan sydämestä käsin, voit todella nähdä ja tuntea jumalallisen voiman elämässäsi.

75

Kukka ei tarvitse ohjeita kukkiakseen. Yksikään musiikinopettaja ei opettanut satakieltä laulamaan. Se on spontaania. Siihen ei liity voimaa; se tapahtuu luonnollisesti. Samalla tavoin, suuren mestarin läsnä ollessa, sulkeutuneen sydämesi nuppu avautuu. Sinusta tulee yhtä vastaanottavainen ja viaton kuin lapsi. Mestari ei opeta sinulle mitään; opit kaiken ilman opetusta. Hänen läsnäolonsa, hänen elämänsä, on opetuksista mahtavin. Siihen ei liity minkäänlaista hallintaa tai voimaa; kaikki tapahtuu luonnollisesti ja vaivattomasti. Ainoastaan rakkaus voi luoda tällaisen ihmeen.

76

Rishi (pyhimys) ei koskaan luo jaottelua elämässä. Tämä tekee hänestä todella kykenevän rakastamaan, sillä hän on sukeltanut oman Itsensä salaisuuksiin, elämän ja rakkauden todelliseen ytimeen. Hän kokee elämää ja rakkautta kaikkialla. Hänelle ei ole olemassa muuta kuin upeasti ja kunniakkaasti loistava elämä ja rakkaus. Näin ollen hän on 'todellinen tiedemies'. Hän tekee kokeita oman olemuksensa sisäisessä laboratoriossa ja on aina rakkauden jakamattomassa tilassa.

77

Kun ei ole olemassa mielihaluja, ei ole surua. Meidän tulee pystyä rakastamaan kaikkia ilman minkäänlaisia odotuksia. Ei ole helppoa rakastaa kaikkia, mutta voimme ainakin yrittää olla suuttumatta ja satuttamatta heitä. Voimme aloittaa siltä tasolta. Kuvittele, että jokainen henkilö on Jumalan lähettämä, ja pystyt olemaan ystävällinen ja rakastava kaikkia kohtaan.

78

Henkisen ihmisen tulisi muuttua tuulen kaltaiseksi. Elämän ykseyden tunteminen avartaa mielemme, laajentaa sydämemme ja levittää rakkautta kaikkialle luomakuntaan. Ensimmäinen edellytys, Jumalan muistamisen ohella, on kaikkien ja kaiken, sekä elollisten että elottomien olemassaolon muotojen rakastaminen. Jos omaamme tällaisen sydämen suuruuden, vapautus ei tule kaukana perässä.

79

Puhdas rakkaus ylittää kehon rajat. Se tapahtuu sydänten välillä; sillä ei ole mitään tekemistä kehojen kanssa. Kun kyseessä on aito rakkaus, ei ole olemassa rajoja eikä rajoituksia. Vaikka aurinko on kaukana, lootuksenkukat kukkivat silti sen loisteessa. Todellisessa rakkaudessa ei ole etäisyyttä.

80

Rakkaus on ainoa kieli, jota kaikki elävät olennot ymmärtävät. Se on universaalia. Rauha ja rakkaus ovat samanlaisia kaikille. Kuten hunaja, rakkaus on aina makeaa. Ole kuin mehiläinen, joka kerää rakkauden nektaria minne se ikinä meneekin. Pyri löytämään hyvyys kaikissa ja kaikessa.

81

On olemassa kolme rakkauden ilmaisumuotoa, jotka herättävät meidät sisältä käsin: rakkaus itseä kohtaan, rakkaus Jumalaa kohtaan ja rakkaus koko luomakuntaa kohtaan. Rakkaudella itseä kohtaan ei tarkoiteta egon itsekeskeistä rakkautta. Sillä tarkoitetaan elämän rakastamista, ihmissyntymän onnistumisten ja epäonnistumisten näkemistä Jumalan siunauksina, samalla rakastaen sisäistä jumalaista voimaamme. Tämä kasvaa muuttuakseen rakkaudeksi Jumalaa kohtaan. Jos nämä kaksi osaa ovat läsnä, niin kolmas osa eli rakkaus koko luomakuntaa kohtaan ilmenee luonnostaan.

82

Vain sydän voi ohjata ihmistä, mutta sydän on unohdettu. Todellisuudessa rakkaudella ei ole muotoa. Vasta sitten, kun rakkaus virtaa jatkuvasti ihmisen läpi, ottaa se muodon, jonka voimme kokea; muuten emme voi. Kun toisen sydän on täynnä rakkautta ja myötätuntoa, oma sydämesi avautuu spontaanisti kuin kukkaan puhkeava kukka. Sydämesi sulkeutunut nuppu avautuu rakkauden läsnä ollessa.

83

Rakkaus ei voi pakottaa. Rakkaus on puhtaan tietoisuuden läsnäoloa; tämä läsnäolo ei voi pakottaa. Se yksinkertaisesti on. Puhtaan rakkauden energia on sisälläsi; sen tarvitsee vain herätä.

84

Maallisen rakkauden perusolemus ei ole vakaa. Sen rytmi vaihtelee; se tulee ja menee. Alku on aina kaunis ja innostunut, mutta hitaasti siitä tulee vähemmän kaunis ja vähemmän jännittävä, kunnes se lopulta muuttuu pinnalliseksi. Useimmissa tapauksissa maallinen rakkaus päättyy järkytykseen, vihaan ja syvään suruun. Sitä vastoin henkinen rakkaus on syvä kuin pohjaton kaivo; sen syvyyttä ja laajuutta ei voi mitata.

85

Henkinen rakkaus on erilaista kuin maallinen rakkaus. Alku on kaunista ja rauhallista. Pian tämän rauhallisen alun jälkeen saapuu kaipauksen tuska. Keskivaiheen aikana tuska jatkaa kasvuaan yhä voimakkaammaksi ja voimakkaammaksi, yhä sietämättömämmäksi. Seuraa raastava kipu ja tämä kaipuun piina säilyy aina hetken juuri ennen yhteyden saavuttamista rakastetun kanssa. Tämä yhteys on vielä sanoinkuvaamattoman paljon kauniimpaa kuin rakkauden alku. Tämänkaltainen rakkaus ei koskaan kuivu tai heikkene. Henkinen rakkaus on aina elossa, sekä sisä- että ulkopuolella; se on jatkuvaa ja elät elämän joka hetken rakkaudessa.

86

Rakkaus nielaisee sinut. Se syö sinut suihinsa kunnes 'sinua' ei enää ole, ja on vain rakkautta. Koko olemuksesi muutetaan rakkaudeksi. Henkinen rakkaus huipentuu yhtenäisyyteen, ykseyteen.

87

Jumala on syvällä sydämissämme viattomuuden ja puhtaan rakkauden muodossa. Meidän tulisi oppia rakastamaan kaikkia tasavertaisesti ja ilmaista tätä rakkautta, sillä pohjimmiltamme olemme kaikki yhtä, yksi Atman, yksi sielu. Rakkaus on Jumalan kasvot.

88

Äitiyden perusolemusta ei ole rajattu vain naisille, jotka synnyttävät; se on sekä naisissa että miehissä luontaisena oleva ominaislaatu. Se on mielen asenne. Se on rakkautta – ja tuo rakkaus on elämän henki. Kun universaali äidinvaistomme on herännyt, rakkaus ja myötätunto kaikkia kohtaan on yhtä paljon osa olemustamme kuin hengitys.

89

Rakkaus ylläpitää kaikkea. Jos pääsemme syvällisesti perille elämän kaikista puolista ja osa-alueista, huomaamme rakkauden olevan kaiken alle kätkettynä. Saamme selville, että rakkaus on jokaisen sanan ja toiminnan takana oleva voima, energia ja innoitus.

90

Kun opit rakastamaan kaikkia tasavertaisesti, aito vapaus tulee esiin. Ilman rakkautta ei voi olla vapautta ja ilman vapautta ei voi olla rakkautta. Ikuinen vapaus voi koittaa vasta kun kaikki negatiivisuutemme on kiskottu irti. Tuossa kaikenkattavan rakkauden tilassa vapauden ja korkeimman autuuden kaunis ja tuoksuva kukka voi avata terälehtensä ja puhjeta kukkaan.

91

Kun rakkaudesta tulee hienovaraisempaa, se kerää voimaa. Sen liikkuessa yhä syvemmälle sydämen syvyyksiin, huomaat kohoavasi rakkaudessa. Lopulta saavutat tilan, jossa koet täydellisen tunnistamisen rakastettusi kanssa ja ymmärrät, ettet ole erillinen. Tässä kohtaa teistä tulee yhtä. Se on lopullinen askel ja todellisen rakkauden huipentuma. Sinne rakkauden tulisi viedä meidät.

92

Olemme kaikki korkeimman rakkauden ruumiillistumia. Rakkautta voi verrata tikapuihin. Useimmat ihmiset pysyvät alimmalla poikkipuulla. Älä jää sille. Jatka kapuamista, yksi askel kerrallaan. Nouse alimmalta poikkipuulta ylimmälle, tunteen tasolta olemisen korkeimpaan tilaan, rakkauden puhtaimpaan muotoon.

93

Aito rakkaus on energian puhtain muoto. Siinä tilassa rakkaus ei ole tunne; se on aidon tietoisuuden ja rajattoman voiman jatkuva virta. Sellaista rakkautta voi verrata hengitykseemme. Et ikinä sano, 'Hengitän ainoastaan perheeni ja sukulaisteni edessä, en ikinä vihollisteni ja vihaamieni ihmisten edessä.' – Ei. Missä tahansa oletkin, mitä tahansa teetkin, hengitys vain tapahtuu. Samalla tavoin aito rakkaus antaa jokaiselle ilman mitään eroavaisuutta, odottamatta mitään vastikkeeksi. Ryhdy antajaksi, älä ottajaksi.

94

Se huolenpito ja kärsivällisyys, jota osoitamme pienissä asioissa, johtaa suuriin saavutuksiin. Jos sinulla on kärsivällisyyttä, sinulla on myös rakkautta. Kärsivällisyys johtaa rakkauteen. Jos avaat nupussa olevan kukan terälehdet pakolla, et pysty nauttimaan sen loistosta ja tuoksusta. Ainoastaan kun se kukkii luonnollisesti, paljastuu sen ihanuus ja tuoksu. Niin ikään, tarvitset kärsivällisyyttä voidaksesi nauttia elämän kauneudesta.

95

Korvakoru, rannekoru, nenärengas ja kaulakoru – pohjimmiltaan kaikki ovat ainoastaan kultaa; vain niiden ulkomuoto on erilainen. Samalla tavoin yksi kaiken läpäisevä jumaluus esiintyy tänä monimuotoisena nimien ja muotojen maailmana. Kun todella ymmärrämme tämän totuuden, se heijastuu ajatuksissamme, sanoissamme ja teoissamme rakkautena, myötätuntona ja epäitsekkyytenä.

96

Aito palvelutyö on avun ojentamista ilman, että odottaa mitään vastapalvelusta. Se on voima, joka ylläpitää maailmaa. Rakastamista ja palvelemista antaumuksella voi verrata ympyrään, sillä ympyrällä ei ole alkua eikä loppua. Rakkaudellakaan ei ole alkua eikä loppua. Epäitsekkään palvelutyön avulla voimme rakentaa rakkauden sillan, joka tuo meidät kaikki yhteen.

97

Mikään työ ei ole mitätöntä tai merkityksetöntä. Se rakkauden ja tietoisuuden määrä, jonka vuodatat työhösi, tekee siitä merkityksellistä ja kaunista. Armo virtaa nöyryydellä tehtyyn työhön. Nöyryys täyttää sen suloisuudella.

98

Kuten rakkautta, antautumista ei voi opiskella tai oppia kirjoista, joltain tietyltä henkilöltä tai missään yliopistossa. Antautuminen tapahtuu rakkauden kasvaessa. Itse asiassa nämä kaksi kasvavat samanaikaisesti. Lopulta meidän tulee antautua omalle todelliselle Itsellemme, mutta antautuminen vaatii paljon rohkeutta. Tarvitsemme pelottoman asenteen uhrataksemme egomme. Tätä varten meidän tulee toivottaa tervetulleeksi ja hyväksyä kaikki ilman minkäänlaisia surun tai pettymyksen tunteita.

99

Älyn ja sydämen tulisi yhdistyä yhdeksi; silloin Jumalan armo virtaa meihin ja siunaa elämämme tyytyväisyydellä.

100

Tarvitsemme rakkautta Jumalaa kohtaan edetäksemme henkisesti polullamme. Rakkaus Jumalaan ei ole vain rakkautta henkilöä, kuvaa tai ihannetta kohtaan. Se on alku. Todellinen rakkaus Jumalaa kohtaan on jokaisen luomakunnan osan rakastamista, Jumalan näkemistä kaikissa ja kaikessa.

101

Nähdessäsi sepän työssään, huomaat että hän kuumentaa ja sulattaa rautakangen ja takoo sitä sitten vasaralla luodakseen haluamansa muodon. Aivan kuten rautakankikin on sulatettava, anna gurun sulattaa sydämesi rakkaudella ja sitten muotoilla se tiedon vasaralla.

102

Ainoastaan rakkautta saaneet voivat antaa rakkautta. Sellaisten ihmisten sydämet, jotka eivät koskaan ole saaneet rakkautta, pysyvät ikuisesti suljettuina. He eivät pysty vastaanottamaan rakkautta eivätkä antamaan rakkautta. Vanhempien on erittäin tärkeää antaa nuorille rakkautta.

103

Hän, joka pystyy rakastamaan kaikkia tasavertaisesti on se, joka todella rakastaa Ammaa.

104

Kun ymmärrämme kuinka tyhjänpäiväisiä kiinnikkeemme maailmaan ovat ja kuinka ylhäistä Jumalan rakkaus on, pystymme luopumaan kaikista kiinnikkeistämme. Se on aivan kuten puun kukat, jotka kuihtuvat pois, jotta puu voi kantaa hedelmää. Kun hedelmä alkaa kasvaa, kaikki kukkaset putoavat automaattisesti pois.

105

Rakkaus, jonka koet on suoraan verrannollinen rakkauteen, jota annat.

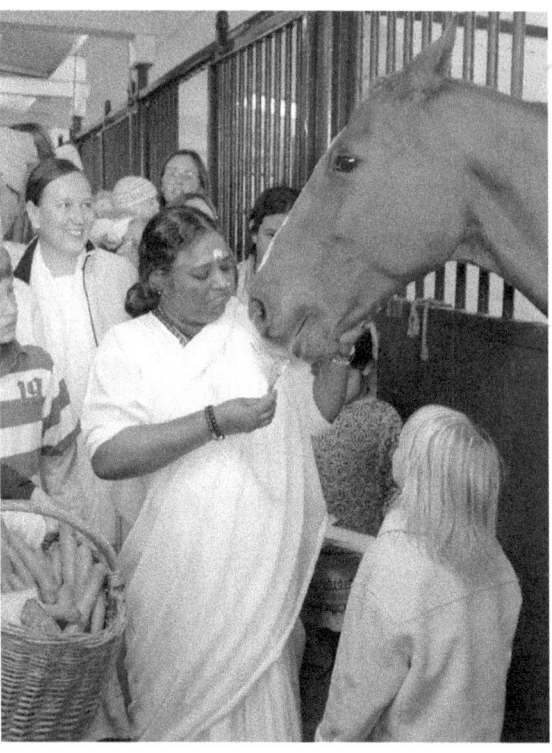

106

Lapset, kaikki maailman tarjoama rakkaus johtaa lopulta suruun. Tässä maailmassa ei ole olemassa epäitsekästä rakkautta. Uskomme saavamme onnellisuutta toisten rakastaessa meitä, silti onnellisuus ei ole missään kohteessa. Se tulee meidän sisältämme. Todellinen onnellisuus ja ikuinen rauha tulevat ainoastaan Jumalan rakkaudesta, ja tuo Jumalan rakkaus seuraa vasta kun näemme luomakunnan yhtenäisyyden.

107

Ego voidaan murtaa ainoastaan rakkauden tuskan avulla. Aivan kuten taimi voi tulla esiin vasta siemenen ulkokuoren rikkoutuessa auki, niin myös Itse avautuu, kun ego halkeaa ja katoaa. Kun oikeanlainen ilmasto on luotu, siemenen sisällä oleva mahdollinen puu alkaa tuntea kuoren sisäisen vankeuden tuoman epämukavuuden. Se kaipaa valoon tulemista ja vapaana olemista. Sisällä olevan uinuvan puun voimakas halu on se, mikä saa kuoren murtumaan. Tähän murtumiseen kuuluu kipua, mutta tuo kipu ei ole mitään suhteessa ilmentyneen puun loistoon. Taimen tullessa esiin kuoresta tulee merkityksetön. Yhtä lailla, sitten kun valaistuminen on saavutettu, ego menettää kaiken merkityksensä.

108

Tahraton, epäitsekäs ja puhdas rakkaus on silta kohti Jumalaa.

www.ingramcontent.com/pod-product-compliance
Lightning Source LLC
Chambersburg PA
CBHW061955070426
42450CB00011BA/3046